REMARQUES

SUR

QUELQUES DICTIONNAIRES JAPONAIS,

ET SUR LA NATURE DES EXPLICATIONS QU'ILS RENFERMENT,

PAR L. LÉON DE ROSNY,

MEMBRE DU CONSEIL DE LA SOCIÉTÉ ASIATIQUE DE PARIS,
SECRÉTAIRE ADJOINT DE LA SOCIÉTÉ ORIENTALE
DE FRANCE,
ASSOCIÉ CORRESPONDANT DE LA SOCIÉTÉ ORIENTALE AMÉRICAINE
ETC. ETC.

PARIS.

IMPRIMERIE IMPÉRIALE

M DCCC LVIII.

EXTRAIT N° 4 DE L'ANNÉE 1858

DU JOURNAL ASIATIQUE.

REMARQUES

SUR

QUELQUES DICTIONNAIRES JAPONAIS,

ET SUR LA NATURE DES EXPLICATIONS QU'ILS RENFERMENT.

Le but que je me propose est de présenter ici quelques observations sur la nature et la disposition des lexiques publiés par les Japonais, dans l'intention d'en faciliter l'usage à ceux qui s'intéressent à la langue et à la littérature de ces insulaires de l'Asie orientale.

Les dictionnaires japonais, du moins ceux qui sont parvenus jusqu'à nous, sont bilingues, c'est-à-dire japonais et chinois. Ils se divisent en deux classes : la première renferme les vocabulaires, rangés selon l'ordre des mots japonais, et disposés d'après leur syllabe initiale; ils sont destinés à indiquer aux lettrés du Nippon, qui ont souvent l'habitude d'écrire en chinois, les différents signes de l'écriture idéographique qui répondent aux mots de leur langue maternelle. La seconde classe comprend les lexiques chinois-japonais, c'est-à dire ceux qui présentent l'ex plication des caractères figuratifs par leurs équivalents dans l'idiome particulier du Japon.

Nous allons examiner successivement quelques ouvrages de la nature de l'une et de l'autre des deux classes mentionnées ci-dessus.

Le 書言字考 *Syo gen-zi kô*, ou *Cho-gen-ji kô*, « Examen des mots et des caractères [qui se rencontrent] dans les livres », forme dix volumes in-8°, dont la rédaction est due à un lettré japonais du nom de *Makino-sima Teroutake*. La préface de l'auteur est datée de Yédo, la onzième année du *nengo* ou ère impériale *Gen-rok* (1698 de notre ère).

Cet important lexique est disposé en quarante-cinq sections principales, répondant aux lettres de l'*irofa* ou syllabaire japonais; mais, après cette première division, l'ordre alphabétique est abandonné, et les mots sont placés le plus souvent pêle-mêle sous plusieurs rubriques dont l'usage est assez fréquent dans les vocabulaires des Japonais, et dont il ne nous paraît pas inutile de dire quelques mots.

Si nous voulons recourir à l'explication d'un mot japonais quelconque dans le *Syo-gen-zi-kô*, nous devons commencer par nous reporter, comme nous l'avons dit, à la section de ce dictionnaire qui répond à la syllabe initiale du mot cherché, comme, par exemple, aux lettres ソ *so* et ム *mou* pour les mots ソラ *sora*, ムマ *mouma*. Arrivés à ces grandes sections primordiales coordonnées alphabétiquement, nous les trouvons subdivisées en plusieurs sous-sections, relatives chacune à une espèce de mots particuliers, comme par exemple: mots relatifs au ciel et à la terre, mots relatifs au temps, mots relatifs aux génies, à l'homme, etc. »; ce qui fait que pour trouver la valeur de ソラ *sora* et de ムマ *mouma*, sous leurs initiales respectives ソ *so* et ム *mou*, il nous faut, en second lieu, chercher le premier dans la section du ciel et de la terre (*ken-kon mon*), et le second dans celle des êtres animés (*ki-gyo mon*), dans lesquelles on n'aura plus désormais de difficulté pour les rencontrer, l'un avec le sens de « ciel », l'autre avec celui de « cheval ».

Dans le *Syo gen-zi kô*, ces sections désignées par le mot 門 *mon*, litt. « porte », sont au nombre de treize. En voici l'énumération:

I. 乾坤門 *Ken-kon mon*, litt. « porte (qui conduit) au ciel et à la terre ». Elle renferme d'abord les mots qui désignent le ciel, puis les noms des corps célestes et de tout ce qui a rapport au ciel. Viennent ensuite ceux qui ont trait à la terre et aux choses terrestres. Les définitions de géographie physique commencent ce qui concerne la terre; on trouve ensuite les noms géographiques, et jusqu'aux termes d'agriculture, d'architecture, etc.

II. 時候門 *Si-ko mon* « porte ou section du temps et de ses divisions », comprenant tout ce qui a rapport au calendrier.

III. 神祇門 *Sin-gi mon*. Section des génies

célestes et terrestres. Elle renferme les mots relatifs à la religion des Japonais, c'est-à-dire au culte des esprits (*sin-tô*[1]), et au bouddhisme (*but-tô*[2]).

IV. 官位門 *Kwan-ï mon*. Section des charges et, en général, de toutes les fonctions et dignités japonaises et chinoises.

V. 人倫門 *Zin-li mon*. Section de l'homme et des divers membres de la famille. On y trouve énumérés les noms des princes, des grands et des hommes les plus illustres, tant prêtres que guerriers, savants ou artisans, accompagnés d'une courte notice biographique. Les différents noms de classes d'hommes complètent cette cinquième section, qui est terminée, lorsqu'il y a lieu, par les pronoms japonais.

VI. 肢體門 *Si-taï mon*. Section du corps humain, comprenant les termes anatomiques et les

[1] Le culte appelé par les Japonais *sin-tô* (神シン道タウ), littéralement «via geniorum», est leur ancienne religion, et celle dont le Mikado ou Empereur spirituel est réellement ou est censé être le représentant et le pontife. Elle consiste dans la vénération des génies qui ont donné naissance à l'archipel du Japon et des demi-dieux ou héros qui en sont descendus.

[2] Par *but-tô* (佛ブツ道タウ), littéralement «via Buddhæ*», on entend les institutions religieuses du Bouddha, dont l'introduction au Japon remonte à l'an 572 de notre ère. (Voy. notre *Mémoire sur la Chronologie japonaise*, p. 10, et dans les *Annales de philosophie chrétienne*, 1857, t. XVI.)

* Le mot *via* doit être considéré ici comme synonyme du sanscrit *bôddhi* «intelligence», et par suite «religion».

noms des facultés de l'esprit. Elle renferme en outre les noms des maladies.

VII. 氣形門 *Ki-gyo mon.* Section des êtres animés, dans laquelle est inclus tout le système zoologique, à peu près dans l'ordre généralement adopté parmi nous.

VIII. 生植門 *Syô-syok mon.* Section des plantes et des arbres. Les plantes ligneuses prennent la première place, puis viennent tous les noms de végétaux herbacés avec des notes explicatives extraites, en grande partie, du *Pèn-tsào* de Li Chi-tchin [1].

IX. 服食門 *Fan-syok mon.* Section des vêtements et des aliments.

X. 器財門 *Ki-saï mon.* Section des ustensiles et des choses précieuses : tels sont les ustensiles de ménage, les instruments ou les armes.

IX. 言辭門 *Gon-zi mon.* Section des mots. Elle renferme les expressions composées, les locutions, proverbes et idiotismes; puis les verbes, les adjectifs, les adverbes et les particules.

XII. 數量門 *Syou-ryo mon.* Section des nombres et des mesures. Nous nous occuperons plus loin de cette curieuse partie du *Syo gen-zi kô.*

[1] Sous le titre de *Pèn-tsào* (本艸, en japonais *Hon-zo*), on désigne aujourd'hui, en Chine et au Japon, une foule de traités de botanique, d'histoire naturelle et de pharmacologie, la plupart disposés suivant l'ordre adopté par Li Chi-tching, dans le célèbre *Pèn-tsào* qu'il publia vers la fin du XVIe siècle.

XIII. 姓氏門 *Zyô-si mon*. Section des noms propres japonais.

Cet ordre lexicographique, il faut l'avouer, est fort médiocre et cause le plus souvent des pertes de temps très-regrettables. Cependant il est bon de remarquer que, lorsqu'on est habitué à se servir du *Syo gen-zi kô* et des autres dictionnaires disposés suivant la même méthode, on parvient généralement à trouver la plupart des mots avec une promptitude relativement assez considérable, et de beaucoup supérieure à celle d'une personne inaccoutumée à se servir de lexiques ainsi organisés.

Quelques observations à cet égard ne seront pas inutiles pour la pratique.

Il est facile de reconnaître, par exemple, qu'il faut se reporter à la première section, celle du ciel et de la terre, lorsqu'on rencontre des noms géographiques auxquels sont assez souvent attachés des mots tels que ヤマ *yama* « montagne », カハ *kava* « rivière », テラ *tera* « temple », バシ *basi* « pont », et autres du même genre. Les mots カミ *kami*, ou シン *sin* « génie », ミコト *mikoto* « auguste », ヤシロ *yasiro* « temple », rappellent la section des génies célestes et terrestres, la présence des noms génériques トリ *tori* « oiseau », ヲイ *iwo* ou ウヲ *ouwo* « poisson », ムシ *mousi* « ver », etc. suffit pour que l'on dirige ses recherches dans la section des êtres animés, aussi bien qu'en voyant キ *ki* « arbre », クサ *kousa* « plante », ハナ *fana* « fleur », dans la section des végétaux.

Mais, de toutes les sections, il en est une à laquelle on a souvent occasion de recourir; elle est désignée par la dénomination vague de 言辭 « mots ». On y trouve tous les verbes japonais, qu'il est du reste facile de reconnaître au premier aspect par leurs formes grammaticales, c'est-à-dire par leurs désinences, pour peu que l'on connaisse les éléments de la grammaire japonaise; les adjectifs et les adverbes sont encore faciles à distinguer par leur forme écrite et parlée.

L'écriture japonaise usitée dans le *Syo gen-zi kô* est celle que l'on désigne habituellement sous le nom de *kata-kana*, et qui, comme l'on sait, se compose de quarante-sept syllabes différentes. Cependant il faut remarquer qu'il n'y a que quarante-quatre sections de lettres initiales dans le dictionnaire qui nous occupe : cela vient de ce que plusieurs voyelles se confondent ou se permutent entre elles sans changer la valeur des mots qui les renferment. Ce sont : イ *i* et 井 *yi* ou *wi*, ヲ *wo* et オ *o*, エ *ye* et ヱ *e*. Quant aux règles de la prononciation des lettres, de leurs permutations, de leurs élisions et autres altérations euphoniques, il ne me paraît pas nécessaire d'y revenir ici[1].

Les mots expliqués dans le *Syo gen-zi kô* sont, ou purement japonais, ou sinico-japonais, c'est-à-dire chinois d'origine et introduits avec le temps dans

[1] Voyez notre *Introduction à l'étude de la langue japonaise*, p. 14, 18 et suiv.

le domaine de la langue japonaise. Lorsqu'il s'agit d'un mot sinico-japonais, nous trouvons le plus souvent, joint à l'explication de l'auteur, un avis qui nous renvoie au mot purement japonais correspondant au mot d'origine étrangère; par exemple, à l'expression 天地 (テンチ) *ten-tsi* « le ciel et la terre[1] » (*Syogzk.* pag. 140, col. 13[2]), après une suite de synonymes chinois de cette expression, nous trouvons l'avis de nous reporter à la section de l'*A*, ainsi exprimé : 出 安. En effet, à cette nouvelle lettre et toujours dans la même section, nous retrouvons nos deux signes chinois avec leur valeur purement japonaise *ame-tsoutsi* 天地 (アメツチ). Je ne parlerai pas de la manière de noter les ouvrages cités, par cela même qu'elle est identique à celle des Chinois. Elle consiste à renfermer les titres dans une espèce de cartouche formé d'un simple filet, ou même d'un simple trait de sépara-

[1] Ces deux mots n'en forment, en quelque sorte, qu'un seul dans l'esprit des Chinois, qui les considèrent comme signifiant « l'univers 宇宙 ». (Cf. *Syogzk.* loc. citat.)

[2] Comme nous n'avons pas à notre disposition l'édition originale du *Syo gen-zi kô*, nos citations se rapportent toujours à l'édition lithographiée par le calligraphe chinois Ko Tching-tchang, sous la direction de M. Ph. Fr. von Siebold (Leyde, 1835), in-fol.

tion ⌜—⌝ ⌞—⌟ du reste des explications ou des passages mentionnés.

Les différents sens des mots japonais sont ordinairement indiqués par des synonymes ou équivalents chinois, employés, comme dans les dictionnaires de la Chine, avec le secours des particules propres aux explications, et surtout avec 也. Mais outre ces interprétations, l'auteur du *Syo gen-zi kô* donne les différents caractères chinois usités pour représenter chaque mot japonais; et, de ces mêmes caractères chinois, on peut déduire les diverses acceptions du mot japonais. Une application fera mieux comprendre ce dont je veux parler. Prenons, par exemple, le mot *fazime;* voici ce que nous trouvons dans le *Syo gen-zi kô* (p. 22, c. II) :

一 ハシメ
初 同
始 同
元 同
甫 同
肇 同
「說文」始也

首 同
權｜輿 同
出 計
濫｜觴 同
出 良

草｜創 同
出 左
果 同
終 同
畢 同

Traduction et explication. — Fazime signifie *un* 一, c'est-à-dire le principe, comme un est le principe des nombres; origine 初; commencement 始; la cause première, principale 元; commencement 甫; commencement 肇; suivant le *Choueï-wen*, 肇 signifie 始 « commencement »; tête 首; commencement 權輿; principe, commencement 濫觴[1]; ébauche 草創; véritablement 果; fin 終; commencement 畢.

On aurait tort cependant de prendre les mots chinois pour synonymes les uns des autres; ils sont autant d'acceptions du mot ハジメ *fazime*, mais rien de plus. Si l'on ne prenait garde à cette observation, on serait porté à faire du chinois 終 *tchoung* « fin », un synonyme de 始 *chi* « commencement ». Ces deux extrêmes peuvent se comprendre en japonais, comme le mot anglais *end*, par exemple, qui signifie aussi bien le commencement que la fin dans cette expression : *the end of a string*.

Le *Syo gen-zi kô* renferme un certain nombre d'expressions d'origine indienne, introduites au Japon avec le bouddhisme. Parmi celles-ci, quelques-unes ont conservé leur forme indienne primitive, sauf de

[1] Littéralement : « Faire flotter une coupe. » Se dit d'une source qui commence à couler, et où l'on ne peut encore faire flotter qu'une coupe. De là vient l'idée de commencement. (Cf. le dictionnaire *P'in-tse-tsien*, § xxvi.)

légères altérations provenant de la transcription d'une écriture dans une autre, tels sont :

薄 バク *Baggavon.*	菩 ボ *Bosat.*	伊 イ *Ibosok.*
En sanscrit :	En sanscrit :	En sanscrit :
伽 ガ भगवान्	丨 बोधिसत्त्व	蒲 ボ उपासक
梵 ボン *Bhagavân*[1].	薩 サツ *Bôdhisattva.*	塞 ソク *Oupâsaka.*

D'autres ne sont que la traduction du mot original indien, ainsi qu'on le fait le plus souvent au Tibet. En voici quelques exemples :

如 ニヨ *Nyo-rai*	善 ゼン *Zen-seï.*	梵 ボン *Fon-ten-wô.*
En sanscrit :	En sanscrit :	En sanscrit :
丨 तथागत	丨 सुगत	天 テン ब्रह्मकायिकराजन्
來 ライ *Tathâgata.*	逝 セイ *Sougata.*	王 ワウ *Brahmakâyika-râdjan.*

Nous devons remarquer ici que ces derniers mots indiens ne sont point rendus par leur traduction en japonais, mais bien par leur correspondant sinico-japonais, ce qui rappelle et témoigne que les doctrines du Bouddha ont passé de l'Inde par la Chine, pour arriver aux îles du Japon.

La section 人倫 *zin-rin*, comme nous l'avons dit,

[1] La transcription japonaise *baggavon* paraît répondre à la forme du nominatif sanscrit भगवान् *bhagavân*. Le *Syo gen-zi kô* fournit également la transcription 婆 伽 婆, qui rappelle la forme absolue भगवत् *bhagavat*.

renferme les noms des hommes célèbres avec des notes biographiques parfois assez étendues.

L'histoire naturelle tient une place assez importante dans le *Syo gen-zi kô;* elle comprend deux grandes sections 門 *mon,* sous chaque syllabe. Dans la première, celle des animaux, on trouve d'abord les mammifères, du moins ceux que l'on désigne communément sous le nom de bêtes (quadrupèdes, y compris les singes, etc.); puis les oiseaux, les poissons et les cétacés, les amphibies, les insectes et les vers. La seconde section, celle de la botanique, est encore plus riche que la précédente, mais elle n'est pas coordonnée plus logiquement. On commence par les arbres, comme les plus grands produits du règne végétal; les fruits leur succèdent, et sont suivis des fleurs 花 *fana*, des plantes herbacées 草 *kousa,* etc. La plupart de ces noms de végétaux sont accompagnés de petites notes explicatives, dans lesquelles on fait connaître leurs dimensions, la couleur de leurs fleurs, la forme de leur feuillage et divers renseignements utiles tant sous le rapport descriptif que sous le point de vue pratique. C'est ainsi qu'on indique parfois les usages auxquels ces plantes sont adaptées en Chine et au Japon. Seulement on regrettera de trouver aussi fréquemment, dans ces explications, des extraits des 本艸 *Pèn-tsào* chinois, lorsqu'on saura que les Japonais possèdent aujourd'hui de nombreux traités d'histoire naturelle, et surtout de botanique, éminemment supérieurs aux herbiers chinois que nous venons de citer.

La plupart de ces noms techniques sont accompagnés de plusieurs traductions chinoises équivalentes, ce qui facilite considérablement la fixation des synonymies latines généralement adoptées dans la science occidentale. A cette occasion, il est bon d'ajouter que les noms techniques chinois, chez les Japonais, jouent le même rôle que les noms latins chez les diverses nations européennes, c'est-à-dire qu'ils constituent la nomenclature scientifique, tandis que les noms purement japonais ne sont considérés que comme des termes vulgaires, analogues à ceux que l'on emploie dans chaque pays, voire même dans chaque province de notre vieille Europe.

Nous arrivons à la section des mots 言辭門, qui est la plus considérable de celles que fournit chacune des lettres de l'*irofa* ou syllabaire japonais. Elle est d'autant plus curieuse et utile pour l'étude de la littérature et des mœurs japonaises qu'elle renferm non-seulement la plupart des expressions qui forment le matériel de la langue, mais encore des idiotismes, des proverbes et des dictons. Les verbes, qui y tiennent une place importante, sont donnés dans la forme absolue, c'est-à-dire pour nous à l'infinitif; leurs radicaux n'y paraissent généralement point, si ce n'est en combinaison avec d'autres mots pour former des locutions composées. — Les adjectifs susceptibles de prendre la valeur verbale s'y trouvent ordinairement avec la forme 之 *si* pour désinence. Enfin l'on trouve la série des particules proprement dites, qui correspond à celle des 虛字 *hiu-tze* « mots vides » des grammairiens chinois, à cela près que les pronoms japonais sont placés, comme nous l'avons dit, dans la section de l'homme, au lieu d'être mêlés à la série des particules en général.

La section des nombres 數量門 *Syou-ryo mon*, rejetée à la fin du *Syo gen-zi kô*, mérite une attention toute particulière. Elle contient un vocabulaire des principales expressions à la nomenclature desquelles se rattache un nom de nombre, comme « les DEUX proches parents » (le père et la mère), les QUATRE saisons, les CINQ éléments, les SIX arts libéraux, les SEPT passions, les NEUF ciels, etc. toutes locutions en quelque sorte stéréotypées dans un moule indigène, et dont l'usage dans la littérature en rend l'intelligence indispensable; aussi serait-on souvent fort embarrassé si l'on était dépourvu des explications précises du *Syo gen-zi kô*. Il suffit, pour juger des difficultés que présenterait l'interprétation de telles locutions numériques, si l'on manquait d'un bon lexique pour les expliquer, d'en citer quelques-unes prises à peu près au hasard dans une des séries de la section qui nous occupe.

二ニ尊ソン *Ni-son* « les deux honorables », pour Sâkya-mouni (le dernier Bouddha) et Màitrêya Bôdhisattva (le Bouddha à venir).

二 = 藏$^{サ}_{ウ}$ *Ni-zô* « les deux recueils », pour le recueil des Srâvakas (auditeurs) et celui des Bôdhisattvas (être parvenus à l'intelligence).

二 = 諦$^{テ}_{イ}$ *Ni-tei* « les deux vérités », pour la vérité parfaite et la vérité vulgaire.

二 = 道$^{タ}_{ウ}$ *Ni-tô* « les deux carrières », c'est-à-dire la littérature et l'art militaire.

二 = 帝$^{テ}_{イ}$ *Ni-tei* « les deux empereurs » (par excellence), pour Yao et Chun.

二 = 紀キ *Ni-ki* « les deux astres lumineux », pour le soleil et la lune.

二 = 氣キ *Ni-ki* « les deux principes », c'est-à-dire le principe femelle (*yin*) et le principe mâle (*yang*).

二 = 周$^{シ}_{ユ}$ *Ni-syou* « les deux (dynasties impériales chinoises des) Tcheou », c'est-à-dire celle des Tcheou occidentaux et celle des Tcheou orientaux.

Ces exemples, dont il serait facile d'étendre considérablement la quantité, suffisent pour montrer l'importance et l'utilité de la section qui nous occupe en ce moment. Elle forme un appendice au *Syo gen-zi kô*, une sorte de vocabulaire qui, bien que d'une étendue relativement fort restreinte, si on le compare au *San-thsang-fa-sou*, grand dictionnaire des mots bouddhiques commençant par un nombre, n'en conserve pas moins son intérêt et son originalité, parce que son cadre s'étend au delà de l'Inde et de la doctrine de Bouddha, et surtout parce qu'il renferme les locutions numériques propres au Japon, comme :

Ni-tô « les deux îles », pour 壹岐 *Iki* et 對馬 *Tsou-sima*.

Ni-syo sô-beô, pour le temple de 伊勢 *Ise* et celui de 石淸水 d'*Ivasi-midzou*.

San-kok « les trois royaumes », pour l'Inde 天竺 *ten-syok*, la Chine 支那 *tchina*, et le Japon 日本 *nippon*.

Ten-zin sitsi-daï « les sept générations de génies célestes, » qui sont : 國常立尊 *Kouni-toko-tatsi Mikoto*, 國狹槌尊 *Kouni-sa-tsoutsi Mikoto*, 豊斟渟尊 *Toyo-koumou-sou-no Mikoto*, 沙土泥尊 *Ou-fitsi-ni Mikoto*, 大戸道尊 *Oho-to-tsi-no Mikoto*, 面足尊 *Omo-tarou-no Mikoto*, 伊奘諾尊 *Iza-nagi-no Mikoto*[1].

Cette table des expressions rattachées à des nombres se poursuit jusqu'au chiffre dix; mais on trouve, dans chaque section des neuf unités, toutes les formules ayant rapport à des multiples de ces nombres,

[1] J'omets ici les noms des épouses des génies célestes, donnés par l'auteur du *Syo gen-zi kô*, afin de ne pas trop allonger cette simple nomenclature. Les personnes qui pourraient s'y intéresser la trouveront dans notre *Mémoire sur la Chronologie japonaise* (p. 7 du tirage à part).

comme les *vingt* empereurs de la dynastie des Thang ; ou même à des multiples accompagnés d'unités, comme les *vingt-deux* temples, les *vingt-cinq* Bo-sats (Bòdhisattva), etc.

Le second vocabulaire que je me propose de mentionner ici est le 手引節用集大全 *Te-fiki-sets-yô-sïou-daï-zen.* Il forme un gros volume in-12, format oblong de II + 358 doubles pages, comprenant approximativement vingt-cinq mille mots ou locutions différentes. La préface est datée de la cinquième année de l'ère impériale *Boun-kwa* (1808 de J.C.); elle est suivie d'une table explicative des treize portes ou sections qui servent à classer les mots sous chaque syllabe initiale, de la même manière que dans le *Syo gen-zi kô.* On a placé, immédiatement après, la liste des quarante-sept signes de l'*irofa* ou syllabaire japonais en écriture *fira-kana* et en *kata-kana*, avec les numéros des pages où il faut se reporter pour trouver le commencement de ces diverses sections dans le corps du volume.

Nous arrivons à la partie purement lexicographique du *Te-fiki-sets-yô-sïou.* Voici comment elle est disposée. La ligne imprimée en caractère *fira-kana* de chaque colonne renferme les mots qui composent le matériel de ce dictionnaire japonais. La seconde ligne fournit les signes de l'écriture idéographique dans la forme cursive (*thsào*), telle qu'on l'emploie au Japon. Les deux autres lignes sont en caractères plus carrés : la dernière renferme les groupes idéographiques chinois qui expliquent les mots japonais disposés suivant leur ordre respectif dans la première colonne en *fira-kana*, tandis que la ligne pénultième contient la prononciation chinoise de ces mêmes groupes. Je me hâte cependant d'ajouter que, lorsque les mots reproduits en *fira-kana* dans la première colonne sont sinico-japonais, ou, en d'autres termes, de provenance chinoise, il en est tout différemment. Dans ce dernier cas, la troisième colonne en *kata-kana* ne renferme plus la prononciation chinoise des mots chinois qui expliquent la partie japonaise *fira-kana*, mais bien l'équivalent japonais de ces mêmes mots chinois, dont la prononciation dialectique japonaise se trouve dès lors dans la première ligne en *fira-kana*, parce que l'ordre alphabétique l'y appelle.

L'ouvrage est suivi de plusieurs appendices, et notamment du 四體千字文 *Si-teï sen-zi mon*, ou Livre des mille caractères chinois dans quatre formes graphiques différentes (*kiaï-chou* ou écriture moderne, *tchouan-chou* ou écriture antique, *li-chou* ou écriture des bureaux, *tsao-chou* ou écriture cursive) avec la prononciation japonaise des signes idéographiques et une traduction dans l'idiome national du Japon. Je ne parlerai pas de plusieurs tables géographiques, chronologiques et historiques qui terminent le *Te-fiki-sets-yô-sïou*, parce qu'on les trouve également dans d'autres ouvrages de la collection de notre grande bibliothèque et avec des détails qui manquent dans le livre que nous venons de décrire.

Un autre dictionnaire, qui se rapproche assez du précédent par son mode d'impression et par sa disposition lexicographique, porte le titre de 文翰節用通寶藏, *Boun-kan sets-yô-tsoû-bô-zô*, et forme un volume in-4° de 137 doubles pages, y compris les préliminaires (31 p.) et trois feuillets d'appendice. Le nombre des expressions renfermées dans ce lexique s'élève à quinze mille environ. Quant à sa disposition, elle est la même que celle du *Te-fiki-sets-yô-si'ou*, dont nous avons parlé ci-dessus, si ce n'est que l'on rencontre assez souvent, après la nomenclature des mots, quelques définitions ou notes explicatives en japonais *fira-kana* ou *thsào*. Sous ce rapport et sous celui du nombre des synonymes chinois de la plupart des mots japonais y inclus, le *Boun-kan-sets-yô-tsoû-bô-zô* est supérieur au vocabulaire précédent, qui, au contraire, a sur ce dernier l'avantage de renfermer un nombre d'expressions beaucoup plus considérable. Ce que nous avons appelé préliminaires de cet ouvrage est, à proprement parler, un petit recueil encyclopédique de documents sur le Japon, avec des dessins. — L'appendice renferme une table des caractères chinois (dans les formes modernes et antiques) qui entrent dans la composition des 名乗 *nanori*, c'est-à-dire des noms propres des Japonais; et comme les caractères chinois, et notamment ceux en écriture antique ou 篆 *tchouan*, sont usités par les Japonais pour inscrire leurs noms dans leurs sceaux et à la fin des préfaces, on a reproduit quelques spécimens de ce genre de sceaux à la fin du livre dont nous venons de donner sommairement l'analyse.

Il nous reste à parler des dictionnaires chinois-japonais qui, bien que disposés dans le sens inverse de ceux qui servent ordinairement à interpréter les textes japonais, ne sont cependant pas moins très-précieux pour le genre d'études qui nous intéresse.

Le premier d'entre eux est intitulé 會玉篇大全 *Kwai Gyok-ben dai-zen*, et forme quatre volumes petit in-4°. L'édition que nous avons entre les mains a été publiée par l'interprète 毛利貞齋 *Mori Teï-saï;* elle porte la date de la neuvième année de l'ère impériale ou *nengo* An-yei (1780 de notre ère). C'est une réimpression du célèbre dictionnaire chinois connu sous le nom de *Yu-pièn* et auquel on a ajouté la traduction japonaise des signes idéographiques, ainsi que des notes juxtalinéaires, pour faciliter aux Japonais l'intelligence des explications données par l'auteur chinois. Notre édition est précédée d'une table des abréviations usitées dans l'ouvrage pour indiquer les titres des dictionnaires auxquels on a emprunté des exemples ou l'élucidation de certaines difficultés. On trouve également, dans les préliminaires de ce lexique, une table des caractères idéographiques dont le radical est difficile à reconnaître, rangés d'après le nombre de leurs traits.

Pour donner une idée de la disposition du *Gyok ben dai-zen*, nous allons en extraire, à titre d'exemple, l'interprétation du premier mot.

C'est le caractère 一, qui se prononce en chinois *yĭh;* nous trouvons, de chaque côté du signe, deux caractères japonais *kata-kana* disposés de cette manière : イチ 一 イツ, et destinés à indiquer la prononciation japonaise des signes chinois, qui est ici *its*[*ou*] ou *its* [*i*] [1]. Il est d'autant plus nécessaire de connaître cette prononciation sinico-japonaise des caractères idéographiques de la Chine, que l'on ne pourrait, sans cela, trouver dans les dictionnaires la valeur qu'ils ont dans les textes japonais où ils sont introduits et où ils forment des composés chinois parfois peu intelligibles aux sinologues eux mêmes. — La figure du signe idéographique est

[1] La prononciation du signe chinois 一 *yĭh* diffère peu au Japon (*its*) si l'on se rappelle que le *ts* final caractérisait, dans l'antiquité, toutes les syllabes aujourd'hui affectées de l'accent bref. Mais il est d'autres caractères dont on devinerait difficilement la prononciation japonaise, sans le secours de dictionnaires tels que le *Gyok-ben*, et quand bien même on aurait établi des règles de permutations entre les deux prononciations, il ne serait pas inutile de contrôler des résultats dont une longue pratique pourrait seule assurer la constante exactitude. Comparez, par exemple, les sons chinois et japonais des signes 女 chin. *niu*; jap. *dzyo*, *nyo*; — 力 chin. *lih*; jap. リヨク *ryok* ou リキ *rik*; — 作 chin. *tsŏh*, jap. サク *sak*; — 万 chin. *wan* jap. バン *ban* ou マン *man*, etc

suivie d'une ou de deux colonnes d'interprétations japonaises. Sous — *its*, nous trouvons ヒトツ *fitots* « un »; ハジメ *fazime* « commencement »; ヲナジ *wonazi* « le même »; スクナシ *soukounasi* « peu nombreux »; モッハラ *moppara* « principalement »; ヒトヘ *fitoye* « simple, unique », etc.

Le supplément du corps du *Gyok-ben*, placé dans la partie supérieure et latérale de chaque double page, renferme en outre d'assez fréquentes explications japonaises.

Le second dictionnaire chinois-japonais que je compte citer ici est intitulé 新增字林玉篇 *Sin-sō Zi-rin gyok-ben*, et forme un fort volume in-8° oblong, de 36 + 359 double-pages. Il porte la date de la troisième année du *nengo* ou ère impériale *Boun-seï* (1828 de J. C.) et contient près de vingt mille caractères avec leur explication en japonais (caractère *kata-kana*). Il diffère du précédent en ce que les traductions chinoises y sont presque partout omises; mais, s'il est moins riche sous ce rapport, il vaut souvent davantage sous celui du nombre des explications japonaises, et son impression, plus nette que celle du *Gyok-ben dai-zen*, jointe à son format commode, rend ce livre extrêmement précieux pour les voyageurs et pour tous ceux qui étudient la langue japonaise.

FIN.

www.ingramcontent.com/pod-product-compliance
Ingram Content Group UK Ltd.
Pitfield, Milton Keynes, MK11 3LW, UK
UKHW021928190726
13853UKWH00002B/924

9 782329 598765